deutsch üben 10

Diethard Lübke

Übungen zur neuen Rechtschreibung

NEUBEARBEITUNG

Max Hueber Verlag

ist eine Reihe von Übungsbüchern zu Grammatik, Wortschatz und Rechtschreibung, die als kursunabhängiges Material zu jedem beliebigen Lehrbuch, aber auch kurstragend benutzt werden können. Bedingt durch die Konzeption, dass in die Übungsbücher hineingeschrieben werden kann, liegt der Übungsschwerpunkt im schriftlichen Spracherwerb.

Sämtliche Bände sind auch zum Selbstlernen geeignet.

3. 2. 1. | Die letzten Ziffern
2010 09 08 07 06 | bezeichnen Zahl und Jahr des Druckes.
Alle Drucke dieser Auflage können, da unverändert, nebeneinander benutzt werden.
1. Auflage

Redaktion: Marion Techmer, München
Umschlaggestaltung: Parzhuber und Partner, München
Druck und Bindung: Ludwig Auer GmbH, Donauwörth
Printed in Germany
ISBN 10: 3-19-107458-9
ISBN 13: 978-3-19-107458-6
(früher erschienen im Verlag für Deutsch, ISBN 3-88532-6-649-3)

Inhalt

Einführung

Seit vielen Jahren wurde in Deutschland über eine Rechtschreibreform diskutiert. Im Gespräch waren die „Kleinschreibung", die „gemäßigte Kleinschreibung", die „gemäßigte Großschreibung". Trotz vieler Kritik ist am 1. August 1998 die Neuregelung der deutschen Rechtschreibung in Kraft getreten.

Die neuen Regeln betreffen die Laut-Buchstaben-Zuordnung, die Groß- und Kleinschreibung, die Getrennt- und Zusammenschreibung, die Schreibung mit Bindestrich, die Zeichensetzung und die Silbentrennung.

Die Änderungen im Bereich Laute und Buchstaben sind verhältnismäßig gering, sie betreffen aber sehr häufig gebrauchte Wörter und sind deshalb wichtig. Einige Vereinfachungen gibt es bei der Groß- und Kleinschreibung (es werden zukünftig mehr Wörter mit großem Anfangsbuchstaben geschrieben); einige Vereinfachungen gibt es bei der Zeichensetzung (Kommas) und bei der Worttrennung (Silbentrennung).

Aufgrund der anhaltenden Kritik an der Rechtschreibreform in der Fassung von 1998 wurde der „Rat für deutsche Rechtschreibung" konstituiert, der Änderungsempfehlungen der Reform ausarbeitete. Die Änderungsempfehlungen des Rates wurden im März 2006 von den politischen Gremien angenommen.

Dieser neue amtliche Regelstand ist ab dem 1. August 2006 Unterrichtsgrundlage in allen Schulen und nach einer einjährigen Übergangsfrist in deutschen Schulen und Ämtern verbindlich.

Dieses Buch gibt mit Regelerläuterungen und Übungen denjenigen, die Deutsch lernen und allen die die neue Rechtschreibung üben wollen, eine Einführung in die wichtigsten Aspekte der aktuellen neuen Regelungen.

A. Laute und Buchstaben

1. ss / ß

In den Texten, die nach den neuen Rechtschreibregeln geschrieben sind, fällt am meisten auf, dass häufig *ss* geschrieben wird, wo bisher *ß* stand.

Das *ß* ist ein Buchstabe, den es nur in der deutschen Rechtschreibung gibt. Er ist folgendermaßen entstanden:

In der alten Fraktur-Schrift, die man besonders im 19. Jahrhundert liebte, wurde das *s* so gedruckt:

sehen (sehen)   **Hauſ** (Haus)

Das scharfe, stimmlose [s] wurde in der Fraktur-Schrift geschrieben mit einem **ſ** und einem **s**: **ß** (= *ß*, gesprochen: scharfes *s* / Eszett). Das sollte bedeuten, dass das [s] scharf und stimmlos gesprochen wird wie ein *z*.

Schreibung des scharfen (stimmlosen) [s]

1. Nach kurzem Vokal schreibt man *ss* statt *ß*.*

Beispiele:	bisschen	(das *-i-* wird kurz gesprochen)
	Schluss	(das *-u-* wird kurz gesprochen)
	er isst	(das *-i-* wird kurz gesprochen)

2. Nach langem Vokal schreibt man weiterhin *ß*.

Beispiele:	groß	(das *-o-* wird lang gesprochen)
	süß	(das *-ü-* wird lang gesprochen)

3. Nach Diphthong[1] schreibt man weiterhin *ß*.

Beispiele:	fleißig	(*-ei-* ist ein Diphthong)
	draußen	(*-au-* ist ein Diphthong)

[1] Die Diphthonge sind im Deutschen: *ai, au, äu, ei, eu*.

* Wenn nach kurzem Vokal bislang *s* und nicht *ß* stand, bleibt auch weiterhin nur ein *s* stehen. Dazu gehören:

a) „Grammatische Wörter“: bis, das (das Haus, das stimmt), des (aber: dessen), was, wes (aber: wessen).

b) Substantive auf *-nis, -as, -is, -os, -us*: die Kenntnis (aber: Kenntnisse), die Ananas (aber: Ananasse), der Iltis (aber: Iltisse), das Tennis, der Albatros (aber: Albatrosse), der Bus (aber: Busse) ...

c) Die Vorsilbe *dis-*: die Diskussion, die Diskothek, diskret ...

Übungen

**1.1 Ist der Vokal vor dem scharfen [s] lang oder kurz?
Wie wird das [s] geschrieben?**

		lang	kurz	
der Bi♦	i:	■	✔	*der Biss*
bla♦	a:	■	■	
das Fa♦	a:	■	■	
der Flu♦	u:	■	■	
der Fu♦	u:	■	■	
das Gefä♦	ä:	■	■	
gemä♦	ä:	■	■	
gewi♦	i:	■	■	
gro♦	o:	■	■	
der Gru♦	u:	■	■	
der Kongre♦	e:	■	■	
der Reisepa♦	a:	■	■	
der Proze♦	e:	■	■	
das Schlo♦	o:	■	■	
der Schlu♦	u:	■	■	
der Stre♦	e:	■	■	

**1.2 Ist der Vokal vor dem scharfen [s] lang oder kurz?
Wie wird das [s] geschrieben?**

		lang	kurz	
die Geldbu♦e	u:	✔	■	*die Geldbuße*
die Grö♦e	ö:	■	■	
das Intere♦e	e:	■	■	
die Ka♦e	a:	■	■	
die Kla♦e	a:	■	■	
die Flo♦en	o:	■	■	
die Me♦e	e:	■	■	
die Pre♦e	e:	■	■	
die Stra♦e	a:	■	■	
die Ta♦e	a:	■	■	

1.3 Fügen Sie *ss* oder *ß* ein. Wiederholen Sie an der Seite die Wörter.

Komm, wir wollen jetzt e_ss_en.	essen
I___t du gern Fisch?	
Ich nicht, aber meine Frau i___t gern Fisch.	
Mu___ man hier lange warten?	
Alle mü___en warten.	
Wir mu___ten auch warten.	
Hast du das nicht gewu___t?	
Nein, woher sollte ich das wi___en?	
Alle wu___ten das.	
Seit wann wi___t ihr das?	

1.4 Schreiben Sie die Wörter mit *ss* in die linke Spalte und die Wörter mit *ß* in die rechte.

Wörter mit *ss*:		Wörter mit *ß*:
Kompromiss	Das ist ein guter Kompromi♦.	
	Wir sollten diesen Beschlu♦ fassen.	
	Ich bin sehr froh, da♦ Sie gekommen sind.	
	Darf ich Ihnen Kaffee eingie♦en?	
	Wollen Sie lieber eine Ta♦e Tee?	
	Danke, ich esse keine Sü♦igkeiten.	
	ein weiches Ki♦en	
	Es war schon ein bi♦chen spät geworden.	
	Wir hatten viel Spa♦.	
	Sie sollten das Fenster schlie♦en.	
	Ich habe mir die Hände gewaschen. Sie sind noch na♦.	
	Mit freundlichen Grü♦en	

2. Drei gleiche Buchstaben

Wenn in zusammengesetzten deutschen Wörtern drei gleiche Buchstaben aufeinandertreffen, war es bisher üblich, nicht immer drei Buchstaben zu schreiben (*Kunststoffflasche* aber *Kunststoffolie*). In Zukunft ist das anders.

Drei gleiche Buchstaben

Wenn drei gleiche Buchstaben aufeinandertreffen, werden alle drei geschrieben.

Beispiele:	Wett ... turnen:	Wettturnen
	still ... legen:	stilllegen
	Tee ... Ei:	Teeei

Um die Lesbarkeit zu verbessern, kann ein Bindestrich gesetzt werden: *Wett-Turnen, Tee-Ei*

Übungen

2.1 Bilden Sie vier zusammengesetzte Substantive.

SCHIFF	FOLIE	____________________
KONGRESS	LAMPE	____________________
KUNSTSTOFF	STADT	____________________
KONTROLL	FAHRT	____________________

2.2 Welche Wörter mit drei gleichen Konsonanten sind gemeint?

Ich interessiere mich für Fußball. Ich stelle den Fernseher an und sehe mir das ________________ *länderspiel* Deutschland gegen Spanien an.

Ich habe Lotto gespielt. Ich möchte wissen, welche Nummern gewonnen haben.
Das sind die ____________________

Wie heißt das grüne Unkraut, das auf der Haut brennt, wenn man es berührt?

____

Ich gehe in die Oper, um ein Ballett zu sehen. Ich bewundere eine der Tänzerinnen.
Sie ist eine ____________________

3. ä, äu

Im Deutschen gibt es die Umlaute *ä, ö, ü, äu*. Die Umlaute *ä* und *äu* werden für die Schreibung der Wörter gebraucht, zu denen es verwandte Wörter oder Wortformen mit *a* oder *au* gibt.

die L**ä**nder	(← das L**a**nd)
der H**ä**ndler	(← der H**a**ndel)
die Verk**äu**ferin	(← verk**au**fen)
der Br**äu**tigam	(← die Br**au**t)

Übung

3.1 Bilden Sie den Plural.

ein Haus	*zwei Häuser*	ein Fass	______	ein Kasten	______
eine Maus	______	ein Fahrrad	______		

Diese Regel wird zukünftig auf einige Ausnahmen übertragen, die bisher noch mit *e* oder *eu* geschrieben wurden:

ä, äu

Man schreibt *ä* oder *äu*, wenn es verwandte Wörter oder Wortformen mit *a* oder *au* gibt.

Dazu gehören jetzt auch:

beh**ä**nde	(← die H**a**nd)
das B**ä**ndel	(← das B**a**nd)
bel**ä**mmert	(← das L**a**mm)
die G**ä**mse	(← der G**a**msbock)
der St**ä**ngel	(← die St**a**nge)
überschw**ä**nglich	(← der Überschw**a**ng)
einbl**äu**en	(← bl**au**)
gr**äu**lich, die Gr**äu**el	(← das Gr**au**en)
sich schn**äu**zen	(← die Schn**au**ze)

Es gibt weiterhin einige Ausnahmen, die wichtigsten sind:

die Eltern	(trotz: alt, älter)
schmecken	(trotz: der Geschmack)
wecken	(trotz: wach)

Man darf schreiben:

	aufwendig	(← aufwenden)
oder	aufwändig	(← der Aufwand)

Übungen

3.2 Welches Wort ist gemeint?

ein kleines Quantum

____

ein Tier, das wie eine Ziege aussieht und im Gebirge lebt

____

sich die Nase putzen

____

grauenhafte Dinge, die im Krieg passieren

____

sich übermäßig und sehr gefühlvoll bedanken
sich ______________________________ bedanken

sich eingeschüchtert, übel fühlen
sich ______________________________ fühlen

4. Einzelne Neuregelungen

Die Neuregelung betrifft eine Reihe von Einzelfällen, die im Folgenden aufgezählt werden:

Schreibung mit zusätzlichem *h*

Das betrifft die Wörter

der Föhn	(bisher: Fön)
die Rohheit	(bisher: Roheit)
die Zähheit	(bisher: Zäheit)

Schreibung ohne *h*

rau (bisher: rauh)

In Analogie zu *blau, genau, schlau*. Diese Wörter werden auch ohne *h* geschrieben.

Känguru (bisher: Känguruh)

In Analogie zu *Gnu, Kakadu*. Diese Wörter werden auch ohne *h* geschrieben.

Schreibung mit Doppelkonsonant

Bisher schrieb man die Nummer, aber: *numerieren* (nur mit einem *m*).
Zukünftig wird auch das Verb mit *-mm-* geschrieben: nummerieren
Weiterhin mit *m*: *das Numerale* (= Zahlwort), *der Numerus clausus*.

Bisher schrieb man *tippen*, aber: *der Tip* (nur mit einem *p*).
Zukünftig werden beide Wörter mit *-pp* geschrieben.

der Tipp ebenso: der Stopp

Weiterhin mit einem *p*: *Stop!* (Verkehrsschild), *Stop-and-go-Verkehr*

Weitere Wörter, die zukünftig mit Doppelkonsonanten geschrieben werden:

tollpatschig, frittieren, Karamell, Stepptanz

Schreibung mit *tz*

Bisher schrieb man *der Platz*, aber *plazieren*.
Zukünftig werden beide Wörter und alle Ableitungen mit *-tz-* geschrieben:

platzieren, deplatziert, die Platzierung, der Erstplatzierte ...

Neue Zusammenschreibung

zurzeit (bisher: zur Zeit) In Analogie zu *derzeit*.

Plural englischer Substantive auf *-y*

Englische Substantive mit der Endung *-y* erhalten im Plural ein *-s*.

die Babys, die Ladys, die Partys ...

Übungen

4.1 Welche Wörter sind gemeint?

Man braucht ihn zum Haaretrocknen.

____

eine Tapete mit rauer Oberfläche

____

jede Seite mit einer Nummer versehen

____

das Auto zum Halten bringen

____

einen Tipp abgeben

____

derjenige, der den ersten Platz einnimmt

____

ungeschickt, tölpelhaft

____

in flüssigem Fett braun braten

____

Pudding mit gebräuntem Zucker

____

5. Neue Möglichkeiten

Die Neuregelung lässt dem Schreibenden in einigen Fällen die Freiheit, so zu schreiben wie bisher oder eine neue Schreibung anzuwenden. Das betrifft die Wörter mit *selbst-* und viele Fremdwörter.

selbst ...
Bisher schrieb man Selb**st**vertrauen, Selb**st**bedienung, Selb**st**bestimmungsrecht, selb**st**sicher – aber: *selbständig, Selbständigkeit, unselbständig*

Zukünftig darf man auch schreiben:
selb**st**ständig ...

Diese neue Möglichkeit sollte man anwenden, auch Schulbücher bevorzugen diese Schreibung.

Bei einer Verbindung von *selbst-* mit einem adjektivisch gebrauchten Partizip kann neu getrennt oder wie bisher zusammengeschrieben werden.

selbst gebackener Kuchen	oder: selbstgebackener Kuchen
selbst verdientes Geld	oder: selbstverdientes Geld

Aber weiterhin: *selbstbewusst, selbstsicher*

Fremdwörter
Man darf alle Fremdwörter weiterhin so schreiben wie bisher. Bei einigen ist auch eine eingedeutschte Schreibung zulässig:

Portemonnaie	oder: Portmonee
Waggon	oder: Wagon
Mayonnaise	oder: Majonäse
Facette	oder: Fassette
Bravour	oder: Bravur

Das *ph* kann bei allen Fremdwörtern in den Wortbestandteilen *phon, phot, graph* und in einigen Einzelfällen durch *f* ersetzt werden:

Saxophon	oder: Saxofon
Geographie	oder: Geografie
Photokopie	oder: Fotokopie

Übungen

5.1 Schreiben Sie die folgenden Fremdwörter ohne *h*.

das Ghetto: ______________________
der Joghurt: ______________________
das Känguruh: ______________________
der Katarrh: ______________________
der Panther: ______________________
die Spaghetti: ______________________
der Thunfisch: ______________________

(Die meisten Schreibungen mit *rh* und *th* bleiben obligatorisch: *Rheuma, Rhythmus, Apotheke, Thema, Mathematik, Sympathie* ...)

5.2 Schreiben Sie bei den folgenden Fremdwörtern *f* für *ph*.

der Delphin: ______________________
die Graphik: ______________________
das Megaphon: ______________________
der Paragraph: ______________________
die Phantasie: ______________________

(Die meisten Schreibungen mit *ph* sind aber geblieben: *Atmosphäre, Metapher, Phase, Physik* ...)

**5.3 Man schreibt *Armee, Idee, Kaffee, Klischee, Tournee*.
Schreiben Sie ebenso:**

das Dekolleté: ______________________
das Negligé: ______________________
das Exposé: ______________________
das Varieté: ______________________

**5.4 Man schrieb schon immer *Provinz – provinziell, Tendenz – tendenziell*.
Schreiben Sie ebenso:**

die Differenz: ______________________
die Existenz: ______________________
die Potenz: ______________________
die Substanz: ______________________
die Essenz: ______________________

Test 1

a) Welche Wörter sind nach den neuen Regeln falsch geschrieben? Unterstreichen Sie die falsch geschriebenen Wörter und schreiben Sie die Wörter nach der neuen Schreibung in die rechte Spalte.

Wasser, wäßrig, Wasserfall	____________
es fließt, es floß, das Floß	____________
wissen, ich habe gewußt	____________
Wer weiß? gewiß, Gewißheit	____________
essen, er ißt, er hat gegessen	____________
schließen, Schluß, schließlich	____________
Schloß, die Tür ist geschlossen	____________
beißen, der Hund biß zu	____________
der Hundebiß, ein bißchen	____________
die Gämse, überschwenglich loben	____________
schmecken, die Eltern	____________
die Greueltaten des Verbrechers	____________
der Numerus, die Nummer	____________
numerieren, das Numerale	____________
die rauhe Wand	____________
eine gute Plazierung erreichen	____________
ein guter Tip, tippen	____________

b) Suchen Sie jeweils ein synonymes Wort. Nach den neuen Regeln sind zwei Schreibweisen möglich.

italienisches Nudelgericht	________	________
Einbildungskraft	________	________
ohne fremde Hilfe	________	________
dicke Milch	________	________
Abschnitt eines Gesetzes (oder eines Vertrags)	________	________
kurze Darstellung eines Sachverhalts	________	________

B. Groß- und Kleinschreibung

1. Großschreibung der Substantive

Eine Besonderheit der deutschen Rechtschreibung ist die Großschreibung der Substantive (Nomen) und aller anderen Wörter, wenn sie als Substantive gebraucht werden.

Substantive:	der **M**ann	die **V**erantwortung
	die **F**rau	die **F**reiheit
	das **K**ind	das **R**echt
	das **H**aus	die **T**oleranz

Andere Wörter, die als Substantive gebraucht werden:

Wir gehen essen.	Das **E**ssen ist fertig.
Der klein gedruckte Text.	Das **K**leingedruckte lesen.
Alles liegt durcheinander.	Das **D**urcheinander war groß.

Die „Amtliche Regelung der deutschen Rechtschreibung" stellt im § 57 noch einmal klar, an welchen Merkmalen man ein Substantiv erkennen kann:

Vor dem Substantiv können stehen

1. Artikel
   - Bestimmte Artikel: *der, die, das, des, dem, den …*
   - Unbestimmte Artikel: *ein, eine, eines, einem, einen …*
   - Bestimmte Artikel, die mit Präpositionen verschmolzen sind: *am (an dem), aufs (auf das), fürs (für das), im (in dem), zum (zu dem) …*

2. Pronomen
   - Demonstrativpronomen: *dieser, diese, dieses, diesem, diesen …*
   - Possessivpronomen: *mein(e), dein(e), sein(e), ihr(e), unser(e), euer …*
   - Sonstige Pronomen: *kein, etwas, nichts, alle, einige …*

3. Unbestimmte Zahlwörter
   - *ein paar, genug, viel, wenig, jeder …*

4. Adjektive (als Attribute)
   Zum Beispiel: *das schnelle/neue Auto*

Jedes Substantiv (wie auch jedes Personalpronomen) steht in einem der vier Fälle: Nominativ, Akkusativ, Dativ, Genitiv.

Übung

1.1 Ordnen Sie zu: ***der neue, ein, jeder, mein, dieser, kein***

Bestimmter Artikel:
der ______ Kugelschreiber
Unbestimmter Artikel:
______ Kugelschreiber
Demonstrativpronomen:
______ Kugelschreiber
Possessivpronomen:
______ Kugelschreiber

Sonstiges Pronomen:
______ Kugelschreiber
Unbest. Zahlwort:
______ Kugelschreiber
Artikel + Adjektiv:
______ Kugelschreiber

2. Feste Wendungen

Neu ist, dass nach den amtlichen Regelungen mehr Wörter großgeschrieben werden, die die Merkmale eines Substantivs haben. Bisher geschah das in sehr vielen Fällen nicht.

In festen Wendungen werden alle Wörter, die die Merkmale eines Substantivs haben, großgeschrieben.

1. Bestimmter Artikel
   Beispiele: der **E**inzelne, das **F**olgende, der **N**ächste
2. Bestimmter Artikel mit Präposition verschmolzen
   Beispiele: im **A**llgemeinen, im **F**olgenden, im **V**oraus
3. Unbestimmter Artikel oder dessen Verneinung
   Beispiele: ein **Ü**briges, ein **N**eues, kein **E**inziger
4. Pronomen
   Beispiele: sein **M**öglichstes, alle **Ü**brigen, jeder **E**inzelne
5. Unbestimmtes Zahlwort
   Beispiele: alles **S**onstige

6. Substantivische Verwendung im Satz

Beispiele: Er hat **Ä**hnliches gesehen.
Nur **L**etzteres war interessant.
Ein Fest für **J**ung und **A**lt.

Ausnahmen:
- ein bisschen
- ein paar (Im Sinne von *einige*)
- am meisten, am wenigsten
- unter anderem

viel, wenig, (der) eine, (der) andere

Die unbestimmten Zahlwörter *viel, wenig, (der) eine, (der) andere* können großgeschrieben werden, wenn die substantivische Verwendung betont werden soll.

Beispiele:	die Vielen	oder: die vielen
	das Wenige	oder: das wenige
	der Eine	oder: der eine
	alles Andere	oder: alles andere

Ausnahmen:
In einigen festen Wendungen wird weiterhin kleingeschrieben. Es sind Wendungen aus Präposition mit Eigenschaftswort. Das Eigenschaftswort ist nicht gebeugt:
in bar, von klein auf, von nah und fern ...

Wendungen aus Präposition und dekliniertem Adjektiv können großgeschrieben werden.

Beispiele:	seit Kurzem	oder: seit kurzem
	seit Langem	oder: seit langem
	seit Längerem	oder: seit längerem
	von Nahem	oder: von nahem
	seit Neuestem	oder: seit neuestem
	von Neuem	oder: von neuem
	ohne Weiteres	oder: ohne weiteres
	von Weitem	oder: von weitem

Übungen

2.1 Schreiben Sie die Wendungen auf die freie Linie.

im ALLGEMEINEN im Allgemeinen
im FOLGENDEN ______
im ÜBRIGEN ______
im EINZELNEN ______
im WESENTLICHEN ______
vielen Dank im VORAUS ______
etwas ÄHNLICHES vorschlagen ______
jeder BELIEBIGE ______
es ist wohl das BESTE ______
jeder EINZELNE kann helfen ______
aufs GANZE gehen ______
bis ins KLEINSTE vorbereitet ______
alles MÖGLICHE versuchen ______
es aufs NEUE probieren ______
aus dem VOLLEN schöpfen ______
des WEITEREN ______
ohne WEITERES ______
von NEUEM ______

2.2 Schreiben Sie die Sätze auf die freie Linie.
(Beachten Sie dabei die Ausnahmen.)

Das ist etwas ANDERES.

______

Alles dauerte ein BISSCHEN lange.

______

Ein PAAR Bekannte besuchen.

______

Ich freue mich darüber am MEISTEN.

______

Die VIELEN, die gekommen waren.

____

Jeder ANDERE wäre gescheitert.

____

Das WENIGE, was noch zu tun ist.

____

3. erste / Erste ...

Wenn die Ordnungszahlen *Erste, Zweite, Dritte, ... Nächste, Letzte* allein stehen, werden sie als Substantive angesehen. Man schreibt sie groß.

Beispiele: der **E**rste
Der **N**ächste, bitte!

Wenn diese Wörter jedoch vor einem Substantiv stehen, gelten sie nicht als Substantive. Man schreibt sie klein.

Beispiele: die **e**rste Geige
der **n**ächste Patient

Übungen

3.1 Stehen die Wörter allein oder vor einem Substantiv?
Schreiben Sie die Formulierungen auf die freie Linie.

Steht	allein	vor Subst.	
zum ERSTEN Mal	■	✔	*zum ersten Mal*
der ERSTE sein	■	■	
der ERSTE des Monats	■	■	
als ERSTER fertig sein	■	■	
im ERSTEN Stock wohnen	■	■	
die ERSTE Klasse	■	■	
fürs ERSTE genug	■	■	

3.2 Ebenso.

Steht	allein	vor Subst.	
jeder ZWEITE	■	■	______________
aus ZWEITER Hand	■	■	______________
die ZWEITE Stimme	■	■	______________
zum ZWEITEN	■	■	______________
an ZWEITER Stelle	■	■	______________

3.3 Ebenso.

Steht	allein	vor Subst.	
das NÄCHSTE Mal	■	■	______________
mein NÄCHSTER	■	■	______________
der NÄCHSTE, bitte	■	■	______________
das NÄCHSTE wäre ...	■	■	______________
etwas als NÄCHSTES tun	■	■	______________

3.4 Ebenso.

Steht	allein	vor Subst.	
der LETZTE Schrei	■	■	______________
die LETZTE Ehre	■	■	______________
zum LETZTEN Mal	■	■	______________
als LETZTER fertig sein	■	■	______________
der LETZTE sein	■	■	______________
das ist das LETZTE	■	■	______________

4. Angst, Recht ...

Die Wörter *Angst, Leid, Pleite, Recht, Schuld* gebraucht man **auch** als Substantive und schreibt sie dann mit großem Anfangsbuchstaben.

Beispiele: Ich habe keine Angst.
Das macht mir Angst und Bange.
Freud und Leid miteinander teilen. (aber: das tut mir leid, leidtun)
Die Firma macht Pleite. (aber: geht pleite, pleitegehen)
Das ist mein gutes Recht.
Ich habe keine Schuld daran.

Mit großem oder kleinem Anfangsbuchstaben schreibt man:
- recht/Recht haben, recht/Recht geben, recht/Recht behalten ...
- unrecht/Unrecht haben, unrecht/Unrecht tun ...

angst, leid, pleite, recht, schuld

In Verbindung mit den Verben *sein*, bleiben, werden* gelten diese Wörter nicht als Substantive und werden deshalb nur kleingeschrieben.

Beispiele: er ist pleite
du bist schuld
mir wird angst
das ist mir recht

---

* Formen des Hilfsverbs sein:
ich bin, du bist, er/sie ist, wir sind, ihr seid, sie sind
ich war, du warst, er/sie war, wir waren, ihr wart, sie waren
ich bin gewesen, du bist gewesen ...
ich werde sein, du wirst sein, er/sie wird sein ...

Hinweis: *recht* kann auch als Adverb verwendet werden, dann schreibt man es ebenfalls klein.

Beispiele: es jemandem recht machen
Gehe ich recht in der Annahme?
Das geschieht ihm recht!

Übungen

4.1 Unterstreichen Sie die Formulierungen, in denen *angst, leid, pleite, recht, schuld* in Verbindung mit dem Verb sein gebraucht wird.

Mir ist ANGST und BANGE.
Du brauchst wirklich keine ANGST zu haben.
vor ANGST zittern
Ich bin es jetzt LEID.
jemandem ein LEID antun

Die Firma war schon lange PLEITE.
Der Kaufmann hat PLEITE gemacht.
Die PLEITE kostet viel Geld.

Du hast RECHT.
Ich muss dir RECHT geben.
Das ist mir durchaus RECHT.

Du hast SCHULD.
Jemandem die SCHULD geben.
Mein Bruder war an allem Unglück SCHULD.

4.2 Fünf Sätze sollten Sie unterstrichen haben. Schreiben Sie diese Sätze noch einmal ab.

____

____

____

____

____

5. Einzelne Neuregelungen

Mit großem Anfangsbuchstaben schreibt man:

– Tageszeiten, denen die Wörter *heute, (über)morgen, (vor)gestern* vorausgehen.
  Beispiele: heute Morgen
  gestern Abend
  morgen Vormittag

– *auf* + Sprache
  Beispiele: auf Deutsch
  auf Englisch
  auf Spanisch

Übungen

5.1 Ergänzen Sie die Lücken.

Die Einladungen sind vorgestern ______________ verschickt worden.

Wir treffen uns morgen ______________.

Morgen ______________ findet ein geselliges Beisammensein statt.

Die Tagung wird bis übermorgen ______________ dauern.

Übermorgen ______________ sind alle Teilnehmer abgereist.

MORGEN
VORMITTAG
ABEND
MITTAG
ABEND

5.2 Ergänzen Sie die Lücken.

Die Gebrauchsanweisung ist leider nur auf ______________ geschrieben.

Dahinter steht eine Übersetzung auf ______________.

Kannst du mir den Text auf ______________ übersetzen?

ENGLISCH
JAPANISCH
DEUTSCH

6. Anrede

Wie in anderen Sprachen werden auch im Deutschen Pronomen bei der formellen Anrede mit großem Anfangsbuchstaben geschrieben: *Sie, Ihnen, Ihr ...*

du und *ihr* – *dein* und *euer*

Zukünftig **können** die Anredepronomen *du* und *ihr* und die besitzanzeigenden Pronomen *dein* und *euer* in Briefen, Widmungen usw. kleingeschrieben werden.

Beispiele: Ich gratuliere dir/Dir zum Geburtstag.
Ich heiße euch/Euch herzlich willkommen.

Übungen

6.1 Ergänzen Sie die Anredepronomen.

Sehr geehrter Herr Schmidt,

für ______________ Brief vom 3. Oktober danke ich ______________.

Ich freue mich, dass ______________ mit meinem Terminvorschlag einverstanden sind.

Ich werde ______________ am Freitagvormittag gegen 11 Uhr besuchen.

Mit den besten Grüßen, auch an ______________ Gattin

6.2 Ebenso.

Lieber Stephan,

für ______________ Brief vom 3. Oktober danke ich ______________.

Ich freue mich, dass ______________ in der nächsten Woche für mich Zeit hast.

Ich werde ______________ am Freitagvormittag gegen 11 Uhr besuchen.

Herzliche Grüße, auch an ______________ liebe Frau

Großschreibung (Übersicht)

Überschrift, Satzanfang

Der Erlkönig

Die Judenbuche

Morgen fahren wir nach München.

Herzliche Grüße

Eigennamen

Friedrich **S**chiller

Ludwig van **B**eethoven

Berlin

Rhein

Substantive (Nomen)

Wörterbuch

Computer

Rechtschreibung

Fremdsprache

Formelle Anrede

Kommen **S**ie bitte herein.

Wie geht es **I**hnen?

Wörter, die als Substantive gebraucht werden

kein **E**inziger

zum **E**ssen kommen

jemandem das **D**u anbieten

im **F**olgenden

Adjektive

- denen die Wörter *etwas, alles, viel, wenig, nichts* vorausgehen:
  alles **G**ute
  nichts **B**esonderes

- die zu Eigennamen gehören:
  das Kap der **G**uten Hoffnung
  das **S**chwarze Meer

- die auf *-er* enden und von geografischen Namen abgeleitet sind:
  der **B**erlin**er** Bär
  das **M**ünchn**er** Bier
  das **H**eidelberg**er** Schloss

Adjektive

- Verbindungen mit einer neuen Gesamtbedeutung **können** großgeschrieben werden.
  das schwarze Brett / **S**chwarze Brett
  der blaue Brief / **B**laue Brief
  der weiße Tod / **W**eiße Tod

- Adjektive, die mit dem Substantiv einen neuen Begriff bilden, werden großgeschrieben.
  die **E**rste Hilfe
  die **G**elbe Karte
  die **K**leine Anfrage

Test 2

An welchen Begleitwörtern erkennt man, dass die fett gedruckten Wörter Substantive sind? Bestimmen Sie die Begleitwörter.

Wir sind ein richtiges **Team**. ______________________

Ich habe dafür kein **Verständnis**. ______________________

die volle **Verantwortung** tragen ______________________

für die **Freiheit** kämpfen ______________________

jemandem einen **Drink** anbieten ______________________

Das ist unser **Haus**. ______________________

Diese **Waren** kommen aus dem Ausland. ______________________

der deutsche **Wald** ______________________

im **Grunde** genommen ______________________

Kein **Einziger** war dafür. ______________________

Im **Folgenden** wird das erklärt. ______________________

Im **Allgemeinen** kann ich zustimmen. ______________________

Jeder will der **Erste** sein. ______________________

C. Getrennt- und Zusammenschreibung

1. Zusammengesetzte Wörter

Wer Deutsch als Fremdsprache lernt, staunt sehr, wie leicht im Deutschen Wörter zusammengesetzt werden können. Es entstehen wahre Wortungetüme, die Deutschlernern beim Lesen große Schwierigkeiten machen.

Man findet zusammengesetzte Wörter überall, in Büchern, Zeitungen, in Werbung und Prospekten. Sie wirken weder gesucht noch schwerfällig – sie sind ganz natürlich. Deutsche haben mit diesen langen Wörtern überhaupt keine Schwierigkeiten.

Übungen

1.1 In den Kleinanzeigen einer Tageszeitung stehen folgende Angebote:

Campingwagen ab sofort zu vermieten, Tel …

Suche **Zwillingskinderwagen**, Tel. …

Kaminholz RM 70,– u. 80,–, Tel. …

Kücheneckbank m. Tisch u. 2 Stühlen, Mahagoni zu verk., Tel. …

Gartenpflanzen Stk. 1,–, Tel. …

Schlauchboot, 3,30 x 1,50 m, zu verk., Tel. …

Lederreitstiefel „Veltheim“, Gr. 40, Schaft 39/40, VB 240,–, Tel. …

Grauer **Kinderwagen** zu verschenken. Tel. …

Brautkleid, Gr. 38, zu verk., Tel. …

Dachgepäckträger für Golf III od. Jetta, abschließbar., 80,–, …

Wohnzimmerschrank, echt Eiche, 350 x 210 x 56 cm, zu verk., Pr.: VB 800,–, …

Aus zwei Substantiven sind zusammengesetzt:

____

____

____

____

Aus drei Substantiven sind zusammengesetzt:

____

____

Die neue deutsche Rechtschreibung beschränkt die Möglichkeiten für solche Zusammensetzungen von Substantiven nicht. Neuerungen gibt es im Bereich der Verben, der Adjektive und der „anderen Wortarten“.

2. Verben

In Verbindung mit Verben sind drei wichtige Hauptregeln zu beachten.

1. Substantiv / Verb

Substantiv und Verb werden getrennt geschrieben

Beispiele:	Rad fahren	Angst machen
	Auto fahren	Sport treiben

Verbindungen aus Substantiv und einem adjektivisch gebrauchten Partizip können getrennt oder zusammengeschrieben werden.

Beispiele:	Not leidend	auch: notleidend
	Erfolg versprechend	auch: erfolgversprechend

Verbindungen, bei denen gegenüber der zugrunde liegenden Wortgruppe ein Wort eingespart wird, schreibt man immer zusammen.

Beispiele: milieubedingt (*durch das Milieu bedingt: durch* und *das* wird eingespart)
ausschlaggebend (*den Ausschlag geben: den* wird eingespart)

Wenn das Substantiv in dieser Form nicht selbstständig vorkommt, wird ebenfalls zusammengeschrieben.

Beispiele: *fried*liebend (das Substantiv heißt *Fried**en***)
*grenz*überschreitend (das Substantiv heißt *Grenz**e***)

Auch wenn das Substantiv und das Partizip mit einem so genannten Fugenelement (meistens ein *-s*) verbunden ist, wird zusammengeschrieben.

Beispiele: erholung*s*suchende Touristen
leben*s*rettende Medikamente
sonne*n*verwöhnte Urlauber

Zusammenschreibung gilt wie bisher bei

- untrennbaren zusammengesetzten Verben:
  bergsteigen – wir bergsteigen, wir sind berggestiegen
  schlussfolgern – wir schlussfolgern – wir haben schlussgefolgert
  notlanden – wir notlanden, wir sind notgelandet
  sonnenbaden – wir sonnenbaden, wir haben sonnengebadet
  u.a.

– zusammengesetzten Verben mit
heim... – heimkehren, wir kehren heim, wir sind heimgekehrt
leid... – leidtun, es tut mir leid, es hat mir leidgetan
preis... – preisgeben, wir gaben preis, wir haben preisgegeben
stand... – standhalten, wir halten stand, wir haben standgehalten
statt... – stattfinden, es findet statt, es hat stattgefunden
teil... – teilnehmen, wir nehmen teil, wir haben teilgenommen
u.a.

Übungen

2.1 Bilden Sie Partizipgruppen. Achten Sie darauf, dass manchmal Getrennt- und Zusammenschreibung korrekt sind.

Wo finde ich heute am Sonntag die
Dienst habende / diensthabende Apotheke?
die ______________________ Länder
Das verbleite Benzin enthält
______________________ Stoffe.
Der Kaufvertrag ist ______________________.
Das war ein ______________________ Verkäufer.

DIENST HABEN
ERDÖL EXPORTIEREN
KREBS ERREGEN
COMPUTER SCHREIBEN
VERTRAUEN ERWECKEN

2.2 Ergänzen Sie die Sätze. Schreiben Sie, wenn nötig, zusammen.

Das Flugzeug musste ____________ landen.
Das wird dir noch ____________ tun.
Es tut mir wirklich ____________.
Wann wird die Vorstellung ____________ finden?
Findet die Vorstellung abends ____________?
Morgen gehen wir ____________ laufen.
Alle werden ____________ nehmen.
Ich nehme auch ____________.
Wann werden wir ____________ kehren?
Wir kehren um 20 Uhr ____________.

NOT
LEID
LEID
STATT
STATT
EIS
TEIL
TEIL
HEIM
HEIM

2. Verb / Verb

Zwei Verben werden getrennt geschrieben.

Diese Regel gilt, wenn der erste Teil ein Infinitiv oder ein Partizip ist.
Beispiele: lesen lernen, helfen kommen
geschenkt bekommen, getrennt leben

Ausnahmen:
Bei Verbindungen mit *bleiben* und *lassen* an zweiter Stelle ist bei übertragener Bedeutung auch Zusammenschreibung korrekt. Dasselbe gilt für *kennen lernen*.
Beispiele: liegen bleiben / liegenbleiben (unerledigt bleiben)
sitzen bleiben / sitzenbleiben (in der Schule nicht versetzt werden)
stehen lassen / stehenlassen (nicht länger beachten)

Wenn bei Partizip-Verb-Verbindungen nicht eindeutig zu klären ist, ob eine übertragene Gesamtbedeutung vorliegt, kann getrennt oder zusammengeschrieben werden: *verloren gehen / verlorengehen*

Ist der zweite Teil ein **adjektivisch gebrauchtes** Partizip, kann getrennt oder zusammengeschrieben werden: der *getrennt lebende / getrenntlebende Vater, das verloren gegangene / verlorengegangene Gepäck*.

Übung

2.3 Füllen Sie die Lücken aus.

Diese Wörter werden ______________ ______________.

getrennt geschrieben

„Wollen wir heute ______________ ______________?"
„Ja, ich würde gerne mit dir ______________ ______________."

baden gehen

„Was machst du heute Nachmittag?"
„Ich wollte ein bisschen im Park ______________ ______________.
Willst du mitkommen?" „Gern! Der Park ist schön.
Ich bin dort kürzlich ______________ ______________."

spazieren gehen

„Wir gehen jetzt nach Hause. Denk an deinen Regenschirm. Du solltest ihn hier nicht ______ ______."

„Gut, dass du mich erinnerst. Ich habe ihn schon einmal ______ ______."

liegen
lassen

3. ... + „sein"

Alle Verbindungen mit dem Verb *sein** gelten nicht als Zusammensetzungen. Sie werden immer getrennt geschrieben.

Beispiele: hier sein
zusammen sein
wir sind zusammen gewesen

* Die Formen des Verbs sein finden Sie auf Seite 24.

Übung

2.4 Ergänzen Sie die Lücken.

Wann wird die Veranstaltung vorbei ______?
Alle wollten unbedingt dabei ______.
Bist du auch da ______?
In 10 Minuten wird mein Vater zurück ______.
Wirst du dann noch hier ______?
Wann wirst du fertig ______?
Sie werden zufrieden ______.
Alles wird bald vorüber ______.

sein
sein
gewesen
sein
sein
sein
sein
sein

Als Ergänzung zu den Regeln 1. – 3. muss man sich noch eine wichtige Ausnahme merken: Diese Regeln gelten nur, wenn die Verben tatsächlich als Verben gebraucht werden. Bei **substantivierten Verben**, das heißt bei Verben, die als Substantive gebraucht werden, gelten sie **nicht**.

4. Substantivierte Verben

Substantivierte Verben werden zusammengeschrieben.

Beispiele: Ich will Rad fahren.

aber: Das **Radfahren** macht Spaß.

Ich möchte heute spazieren gehen.

aber: Das **Spazierengehen** mögen meine Kinder nicht.

Wir werden zusammen sein.

aber: Das **Zusammensein** mit ihm war schwierig.

Übung

2.5 Ergänzen Sie die Lücken.

Vor dem Schalter Schlange stehen.

Das ______________________ dauerte lange.

Wir wollten noch spazieren gehen.

Das ______________________ ist gesund.

Wir sollten den Fall ruhen lassen.

Das ______________________ des Falls ist nicht möglich.

Mein Freund lernt Auto fahren.

Das ______________________ macht ihm keine Schwierigkeiten.

Ich prüfe, ob alle Papiere vorhanden sind.

Das ______________________ aller Papiere überprüfen.

Ich muss die Küche sauber halten.

Das ______________________ der Küche hat noch bis nachher Zeit.

Der Schüler muss das Gedicht auswendig lernen.

Das ______________________ des Gedichts fällt ihm schwer.

Meine Schwester treibt Sport.

Das ______________________ macht ihr großen Spaß.

5. Adjektiv / Verb

Verbindungen aus Adjektiv und Verb werden zusammengeschrieben, wenn das Wort eine neue übertragene Bedeutung hat.

Beispiele: Das Wort musst du kleinschrieben. (mit kleinem Anfangsbuchstaben)
aber: Du musst das klein schreiben. (Schriftgröße)
Die Frage muss offenbleiben. (nicht zu klären)
aber: Die Tür muss offen bleiben. (auf bleiben)

Neu ist, dass Adjektive in Verbindung mit einem Verb getrennt oder zusammengeschrieben werden können, wenn das Adjektiv das Ergebnis einer vom Verb benannten Handlung beschreibt.

Beispiele: die Karotten klein schneiden / kleinschneiden
die Tasse kaputt machen / kaputtmachen
den Kuchen kalt stellen / kaltstellen

Verbindungen, die von den beiden oben genannten Regeln nicht betroffen sind, schreibt man getrennt.

Beispiele: auswendig lernen — genau nehmen
lang schlafen — langsam sprechen

Übung

2.6 Wird getrennt oder zusammengeschrieben? Oder sind beide Schreibweisen korrekt?

Sie lassen das Schwimmbad im Herbst ____________ laufen.
Du musst den Teller nicht ____________ essen.
Sie ist erst in der ersten Klasse und kann schon ____________ schreiben.
Wir werden den Rest bei der nächsten Rechnung ____________ schreiben.
Die Polizei muss den Täter ____________ nehmen.
Du musst die Hundeleine ____________ halten.
Sie möchte sich die Haare ____________ färben.

leer
leer
gut
gut
fest
fest
blond

3. Adjektive

Verbindungen mit einem einfachen ungebeugten Adjektiv können getrennt oder zusammengeschrieben werden.

Beispiele: allgemein gültig / allgemeingültig
schwer verständlich / schwerverständlich

Ist der erste Teil erweitert oder gesteigert, wird nur getrennt geschrieben.

Beispiele: Die Regeln sind sehr schwer verständlich. (erweitert mit *sehr*)
Die Ausnahmen sind leichter verständlich. (gesteigert: leicht*er*)

Zwei Adjektive werden zusammengeschrieben, wenn sie gleichrangig sind.

Beispiele: taubstumm (*taub* und *stumm*)
blaugrau (*blau* und *grau*)

Zusammenschreibung gilt auch, wenn das erste Teil die Bedeutung verstärkt oder vermindert.

Beispiele: bitterböse
superschlau

Übung

3.1 Wird getrennt oder zusammengeschrieben?
Oder sind beide Schreibweisen korrekt?

Die Frage war ______________________.
Das Flugzeug ist ______________________.
Die Frauen sind ______________________.
Er war lange Zeit ______________________.
Der Winter war ______________________.
Es war ein ______________________ Fest.

dumm – dreist
ultra – leicht
eng – verwandt
schwer – krank
bitter – kalt
feucht – fröhlich

4. Andere Wortarten

wie, so, zu …

Wie, so (genauso, ebenso), zu (allzu, viel zu) und das folgende Adverb oder Adjektiv werden getrennt geschrieben.

Beispiele:	wie viel	zu viel
	so viel	allzu viel
	genauso viel	viel zu viel
	ebenso viel	so weit

Hinweis: *soviel, sobald, sooft* … können auch als Konjunktionen gebraucht werden. Sie leiten dann Nebensätze ein. Als Konjunktionen werden diese Wörter zusammengeschrieben: *Soviel ich weiß, kommt er heute.*

Übungen

4.1 Setzen Sie *viele* ein.

Wie ____________ Gäste werden wohl kommen?
So ____________ wie sich angemeldet haben.
Genauso ____________ wie immer.
Zu ____________ werden es kaum sein.
Wir haben viel zu ____________ Getränke gekauft.

4.2 Setzen Sie *lange, oft, weit* oder *heiß* ein.

Wie ____________ bleibst du in Spanien?
So ____________ wie ich Ferien habe.
Ebenso ____________ wie im letzten Jahr.
Zu ____________ halte ich die Hitze nicht aus.
Im letzten Jahr war es viel zu ____________.
Wie ____________ warst du schon in Spanien?
Wie ____________ fliegst du immer?

5. Bindestrich

Zwischen Ziffer, Einzelbuchstaben, Abkürzungen und Wort steht ein Bindestrich.

Beispiele:	100-mal	E-Mail
	80-jährig	T-Shirt
	100-prozentig	UNO-Sicherheitsrat

Ziffer und Nachsilbe werden jedoch zusammengeschrieben.

Beispiele: der 68er ein 100stel

Sind Ziffer und Endung Bestandteil einer Zusammensetzung, steht zwischen Endung und Grundwort ein Bindestrich.

Beispiele: eine 100stel-Sekunde
eine 3-Zimmer-Wohnung

Ausnahme:
Bei Verbindungen mit *-fach* und *Jahr* ist Schreibung mit und ohne Bindestrich möglich:
8fach / 8-fach, 90er Jahre / 90er-Jahre

Übung

5.1 Schreiben Sie die Sätze ab, verwenden Sie Ziffern.

„Rechtschreibung" ist ein dreisilbiges Wort.

___

Hundertprozentige Sicherheit gibt es nie.

___

Das war in den achtziger Jahren so.

___

Ein achtstündiger Arbeitstag ist anstrengend.

___

Eine vierzehntägige Urlaubsreise machen.

___

Das Foto wurde nur eine fünfhundertstel Sekunde belichtet.

___

6. Neue Möglichkeiten

Zahlreiche feste Verbindungen aus Präposition und (verblasstem) Substantiv kann man getrennt oder zusammenschreiben.

Übung

6.1 Ergänzen Sie die zweite Möglichkeit selbstständig.

an Stelle	*anstelle*
auf Grund	aufgrund
in Frage stellen	____________
____________	aufseiten
von Seiten	____________
____________	außerstande sein
im Stande sein	____________
____________	mithilfe von
zu Grunde gehen	____________
____________	zugunsten von
zu Mute sein	____________
____________	zuschulden kommen lassen
etwas zu Stande bringen	____________
____________	instand setzen
zu Leide tun	____________
____________	zulasten von

Test 3

Ein Wort? Zwei Wörter?

Er ist ________________ gefahren.	RAD
Die Verunglückten können einem ________________ tun.	LEID
Etwas Schönes ________________ bekommen.	GESCHENKT
Wollen wir ________________ tanzen?	TANGO
Ein ________________ suchender Freund.	RAT
Viele Zuschauer sind ________________ gewesen.	DABEI
Ein gemütlichen ________________ sein.	BEISAMMEN
Eine ________________ verdauliche Speise.	LEICHT
Ein ________________ kranker Patient.	SCHWER
So ________________ wie möglich.	OFT
Wie ________________ sind gekommen?	VIELE
Es dauerte ________________ zu lange.	VIEL

D. Worttrennung am Zeilenende

Viele deutsche Wörter sind sehr lang. Daher kommt es oft vor, dass am Ende der Zeile ein Wort getrennt werden muss. Für die Worttrennung gibt es viele Regeln.

Bei der neuen Rechtschreibung bleiben die wichtigsten Trennregeln unverändert, aber bisherige Ausnahmen fallen weg.

1. Worttrennung nach Sprechsilben

Zukünftig gibt es nur noch eine einzige Regel:

Worttrennung

– Mehrsilbige Wörter werden nach Sprechsilben getrennt.
Beispiele: Mu-se-um
ver-ges-sen
Hei-mat
imp-fen
Ausnahme: Einzelne Vokale werden nicht abgetrennt: *re-gi-onal, Elan*

– Das gilt auch für *st*.
Beispiele: Leis- tung
Küs- te

– *ck* bleibt ungetrennt und kommt auf die nächste Zeile.
Beispiele: Zu- cker
Bä- cker

Übungen

1.1 Welches Wort ist gemeint? Trennen Sie es dann nach Silben.

viele Musiker, die zusammenspielen, und der Dirigent:

Or-ches-ter

trockene Landschaft, fast ohne Pflanzen, mit viel Sand:

____

ein Mitglied der Regierung:

____

Leute, die in fremde Länder reisen, um sich zu erholen oder um das Land kennen zu lernen:

____

laut schreiend ausdrücken, dass man nicht einverstanden ist:

____

Dort kann man gegen Bezahlung essen und trinken:

____

die verglaste Öffnung, durch die das Licht in den Raum kommt:

____

die Urkunde, in der ich festlege, wer meine Erben sind:

____

1.2 Setzen Sie das richtige der folgenden Wörter ein und trennen Sie es dann.

Dackel • Zucker • schmücken • Glocken • Decke • Schnecke • Brücke

Das ist eine Jacke.	Ja - cke
Unten ist der Fußboden, oben ist die ______.	______ - ______
Dieser Hund ist ein ______.	______ - ______
Da kriecht eine ______.	______ - ______
Hörst du die ______?	______ - ______
Wir gehen über die ______.	______ - ______
Trinkst du Kaffee mit Milch und ______?	______ - ______
Den Weihnachtsbaum ______.	______ - ______

2. Neue Möglichkeiten

Einige deutsche Wörter und viele Fremdwörter wurden bisher nicht nach Sprechsilbe, sondern nach Wortbestandteilen getrennt. Diese Wörter können jetzt auch nach Sprechsilben getrennt werden.

Beispiele:	da-rüber	oder:	dar-über
	ei-nander	oder:	ein-ander
	hi-naus	oder:	hin-aus
	Mo-nar-chie	oder:	Mon-ar-chie
	pa-ral-lel	oder:	par-al-lel

Übungen

2.1 Ergänzen Sie selbstständig die neuen Worttrennungen.

Bisher:	*Jetzt auch:*
war-um	____________
her-um	____________
wor-an	____________
dar-um	____________
In-ter-es-se	____________
in-ter-es-sant	____________
Päd-ago-gik	____________
Di-plom	____________
He-li-ko-pter	____________

E. Zeichensetzung

Die Regeln für den Gebrauch von Punkt, Doppelpunkt, Fragezeichen und Ausrufezeichen haben sich nicht verändert. Von der Neuregelung ist hauptsächlich die Kommasetzung betroffen.

1. Komma bei der direkten Rede

Die neuen amtlichen Regelungen haben die Kommaregeln bei der direkten Rede vereinfacht. Nach einem abschließenden Anführungszeichen setzen Sie wie bisher ein Komma.

Beispiel: „Das gefällt mir", sagte Frau Brill.

Wenn die direkte Rede mit einem Fragezeichen oder einem Ausrufezeichen endet und der Satz weitergeführt wird, setzen Sie jetzt – neu – auch ein Komma.

Beispiele: „Wie geht es Ihnen?", fragte mich eine Kollegin.
„Danke gut!", antwortete ich.
Sie fragte: „Darf ich hereinkommen?", aber sie ging nicht ins Zimmer.

Übungen

1.1 Ergänzen Sie alle fehlenden Anführungszeichen und Kommas.

Nach dem Urlaub sprechen zwei Kollegen miteinander.

Wie war es auf Ibiza?   fragte mich Frau Müller.

Ganz prima!   antwortete ich.

Wie war das Wetter?   wollte sie wissen.

Gut natürlich! Drei Wochen nur Sonnenschein!   sagte ich   Sie sollten auch mal nach Ibiza fahren.

Wie sind denn die Preise?   fragte Frau Müller.

Flug, Hotel, Halbpension sind nicht sehr teuer,   erzählte ich.

Und der Rest?

Das kommt auf Sie an!   sagte ich.   Je nach Ihren Ansprüchen ...

1.2 Ebenso.

Weißt du, Peter? sagte meine Frau morgen Abend kommen unsere Nachbarn zu Besuch.

Getränke habe ich schon gekauft! sagte ich. Wein zum Essen und für später Bier.

Soll ich zunächst eine Suppe servieren? fragte meine Frau.

Abends eine Suppe? ich hatte Bedenken. Wie wäre es mit einer Fischplatte?

Mögen unsere Nachbarn eigentlich Fisch? fragte meine Frau.

Bestimmt! sagte ich. Außerdem kannst du eine Platte mit Wurst und kaltem Fleisch auf den Tisch stellen. Dazu verschiedene Brotsorten und zum Schluss Käse.

Ich glaube auch, so könnte es gehen! sagte meine Frau und fuhr fort: Zum Bier gibt es dann Nüsse und Kartoffelchips. Gegen 11 Uhr biete ich noch einen leckeren Kartoffelsalat mit Würstchen an.

Das ist eine gute Idee! sagte ich.

2. Neue Möglichkeiten

Als Deutschlerner kann man sich kaum vorstellen, wie wichtig im Schulunterricht seit Jahrzehnten das Lernen der Kommaregeln war. Die Fähigkeit, alle Kommas richtig nach den Regeln setzen zu können, war Zeichen guter Schulbildung und immer ein Kriterium bei der Bewertung von Prüfungsarbeiten.
Es gab vor der Rechtschreibreform etwa 50–70 Kommaregeln, je nachdem, welche Einzelheiten und Ausnahmen man als eigene Regel zählte.

Die Kommaregeln werden unterschiedlich häufig angewendet. Die Rechtschreibreform hat die Kommasetzung dadurch vereinfacht, dass nun in einigen Fällen ein Komma gesetzt werden kann, aber nicht gesetzt werden muss.

Neue Möglichkeiten:

Komma zwischen Hauptsätzen, die mit „und, oder ...“ verbunden sind.

Zwischen Hauptsätzen braucht kein Komma zu stehen, wenn sie mit

und	oder
beziehungsweise	sowie
entweder ... oder	sowohl ... als auch
weder noch	

verbunden sind.

Beispiele: Ich habe Michaela oft besucht(,) und wir waren den ganzen Abend zusammen.
Sind Sie mit dem Vorschlag einverstanden(,) oder haben Sie Einwände?

Man sollte jedoch auch weiterhin ein Komma setzen, wenn der Satz dadurch übersichtlicher wird. (Ob das notwendig ist, entscheidet der Schreiber.)

Hinweis: *Sondern, aber, jedoch* drücken einen Gegensatz aus. Vor diesen Konjunktionen steht auch zukünftig ein Komma. Beispiel: *Der Ausflug war schön, aber das Wetter war schlecht.*

Infinitiv- und Partizipgruppen

Infinitiv- und Partizipgruppen kann man mit Kommas abtrennen oder zwischen Kommas einschließen.

Beispiele: Sie beschlossen(,) nach Elba zu reisen.
Einen Strauß in der Hand haltend(,) stand er vor der Tür.
Er stand(,) einen Strauß in der Hand haltend(,) vor der Tür.

Ausnahme: Ein einfaches oder paariges Komma muss man setzen, wenn die Infinitivgruppe mit *um, ohne, (an)statt, außer* oder *als* eingeleitet wird.

Beispiel: Wir beeilten uns, um rechtzeitig loszufahren.

Bei formelhaften (verkürzten) Nebensätzen kann man das Komma weglassen.

Beispiele: Ich bin(,) wie bereits gesagt(,) vom 1.–8. August in Berlin.
Sie können mich(,) wenn nötig(,) im Hotel anrufen.

Komma (Die wichtigsten Regeln)

Teilsätze

Das Komma steht zwischen Haupt- und Nebensatz.

Wenn das Wetter schön ist, fahren wir am Wochenende an die See.
(Nebensatz) *(Hauptsatz)*

Wir glauben, dass wir dort viel Spaß haben.
(Hauptsatz) *(Nebensatz)*

Das Komma braucht nicht zwischen Hauptsätzen zu stehen, die mit *und, oder* ... verbunden sind.

Ich mache eine Wanderung(,) und meine Frau sonnt sich am Strand.

Eingeschobener Nebensatz

Das Komma steht vor und hinter einem eingeschobenen Nebensatz.

Nach jedem Wochenende, das wir an der See verbringen, sind wir gut erholt.
(eingeschobener Nebensatz)

Sprecherangabe

Das Komma steht bei der direkten Rede nach Fragezeichen/Ausrufezeichen und Anführungszeichen, wenn der Satz weitergeführt wird.

„Hast du das schicke Segelboot gesehen?“, fragte ich.

Aufzählungen

Das Komma steht (statt und) zwischen aufgezählten Wörtern und Wortgruppen.

Übernachtung, Frühstück und Abendbrot in der Pension sind preiswert.

sondern ...

Das Komma steht immer vor *sondern, jedoch, aber*.

Wir fahren nicht um 9 Uhr los, sondern erst etwas später.

Zusätze, Erläuterungen

Das Komma steht vor Zusätzen und nachträglichen Erläuterungen, besonders wenn sie mit *zum Beispiel, und zwar, nämlich, insbesondere* eingeleitet werden.

Wir fahren gern an die See, zum Beispiel nach Juist oder Norderney.

Erweiterte Infinitive

Das Komma kann den erweiterten Infinitiv mit zu abtrennen, um die Gliederung des Satzes zu verdeutlichen.

Er beschloss(,) nach Sardinien zu fahren.

Abschlusstest

Alle folgenden Texte sind nach der alten Orthographie geschrieben.

a) **Unterstreichen Sie die Wörter und Satzzeichen, die nach den neuen Regeln anders geschrieben werden oder anders geschrieben werden können.**

b) **Schreiben Sie die Wörter in der neuen Rechtschreibung neben den Text.**

1. Wieviel Geld geben die Deutschen für den Sport aus? ______________

Etwa 35 Millionen Euro geben die sporttreibenden Deutschen ______________
jährlich unmittelbar für ihre Aktivitäten aus. Dazu kommen ______________
nach einer Münchner Studie noch einmal etwa 31 Milliarden ______________
an Ausgaben, die durch den Sport mittelbar beeinflußt sind. ______________
Im einzelnen werden genannt: Neben den Ausgaben für ______________
Bekleidung und Ausrüstung ist der Sport auch Anlaß, viele ______________
Ausflüge und Reisen zu unternehmen. Damit hat er ______________
Auswirkungen auf die Umsätze der Reiseveranstalter, des ______________
Handels, der Gastronomie und der Hotellerie. Allein diese ______________
Ausgaben betrugen mehr als 8 Milliarden Euro. Schließlich ______________
wirken sich Bau und Erhaltung von Sportanlagen positiv ______________
auf die Umsätze des Baugewerbes aus, und es wurden fast ______________
4 Milliarden Euro dafür aufgewendet. Im ganzen hängen ______________
vom Sport etwa 1 Million Arbeitsplätze ab. ______________

Zahl der Änderungen: __________

2. Ein Brief ______________

Liebe Tante Stefanie, ______________
es tut mir wirklich leid, daß ich Dich vor meiner Abreise nach ______________
Paris nicht mehr erreichen konnte. ______________
Inzwischen bin ich in Paris angekommen, und unsere ______________
Reisegruppe bewohnt ein schönes Hotel in der Nähe des ______________
Boulevard Clichy. Ich muß sagen, Du hast recht, daß Paris ______________
eine wunderschöne Stadt ist. Als erstes werden wir morgen ______________
vormittag eine Stadtrundfahrt machen. In den nächsten Tagen ______________
fahren wir auch nach Versailles. ______________

Am nächsten Wochenende bin ich wieder zu Hause, und ich werde Dir ausführlich über die Reise nach Paris berichten.
Herzliche Grüße

Zahl der Änderungen: ______

3. Deutsche Lehrer können alles ...

Wußten Sie, daß die deutschen Lehrer nicht nur die Jugend erziehen, sondern auch das Land regieren? 19 Prozent der Abgeordneten im Deutschen Bundestag sind Lehrer! Mit Richtern, Offizieren, Professoren, Lehrern und Angestellten stellt der öffentliche Dienst 45 Prozent der Abgeordneten, so daß diese Gruppe über die Parteigrenzen hinweg die Mehrheit hat. Nur noch jeder achte kommt aus einem freien Beruf – 1990 war es noch jeder siebte. Im übrigen gilt das auch für Unternehmer, selbständige Handwerker und Landwirte.
Ihr Anteil ist auf 9 Prozent gesunken, so daß wichtige Bevölkerungsgruppen deutlich unterrepräsentiert sind.

Zahl der Änderungen: ______

4. Wer zuletzt lacht ...

4.1 Bei Müllers klingelt das Telefon. Herr Müller nimmt den Hörer ab. „Ist Ihre Tochter zu Hause?" fragt eine jugendliche Stimme. „Das tut mir leid, ich soll Ihnen sagen, daß sie nicht da ist." „So, so!" meint der schlagfertige junge Mann, „dann richten Sie ihr bitte aus, daß ich nicht angerufen habe!"

4.2 Der Lehrer hat Michael nach Hause geschickt. Die erstaunte Mutter telefoniert mit dem Lehrer und bittet ihn, ihr den Grund zu sagen. „Ihr Sohn hat gesagt, daß seine Schwester die Röteln hat. Das ist eine ansteckende Krankheit!" erklärt ihr der Lehrer. „Das ist richtig, aber seine Schwester wohnt jetzt in Australien!"

Zahl der Änderungen: ______

Die wichtigsten Neuerungen auf einen Blick:

Laute und Buchstaben

ss / ß	*ein bi**ss**chen, der Flu**ss**, man mü**ss**te,* *sie i**ss**t Kuchen*
Drei gleiche Buchstaben	*Schi**fff**ahrt, Bre**nnn**essel, Schn**eee**ule* auch: *Schiff-Fahrt, Brenn-Nessel, Schnee-Eule*
Einzelfälle	*nu**mm**erieren (wie Nummer)* *Ti**pp*** *pla**tz**ieren (wie Platz)* *selb**stst**ändig (auch selbständig)* *poten**z**iell, substan**z**iell, existen**z**iell*

Großschreibung

Großschreibung der meisten Wörter mit Artikel oder Flexionsendung	*der **E**inzelne, ein **E**inziger, alles **Ü**brige* ***im F**olgenden …* ***von N**eu**em**, **ohne W**eiter**es** …*
Einzelne Vereinfachungen	*auf **D**eutsch, auf **E**nglisch* *heute **M**orgen, gestern **A**bend* *ich habe **S**chuld, du hast **R**echt*

Getrennt- und Zusammenschreibung

Getrenntschreibung bei Verben	*Rad fahren, Sport treiben, spazieren gehen, getrennt leben*
… + sein	*fertig sein, vorbei sein, zufrieden sein*
Einzelne Vereinfachungen	*wie viel, so viel, zu viel, sodass / so dass …*

Die wichtigsten Neuerungen auf einen Blick:

Worttrennung am Zeilenende		
s-t	*Küs-te, ers-te, meis-tens*	
-ck	*Brü-cke, Zu-cker*	
Einzelne Vereinfachungen	*wa-rum* *he-raus* *in-te-res-sant*	*(auch: war-um)* *(auch: her-aus)* *(auch: in-ter-es-sant)*

Zeichensetzung	
Komma bei direkter Rede	*„Komm her!“, rief sie.* *„Wie geht es dir?“, fragte er.*
Komma zwischen Hauptsätzen, die mit „und, oder …“ verbunden sind	*Herr Müller fotografierte das Schloss(,) und seine Frau schaute ihm dabei zu.*
Infinitiv- und Partizipgruppen, formelhafte Nebensätze	*Sie beschlossen(,) nach Elba zu reisen.* *Einen Strauß in der Hand haltend(,) stand er vor der Tür.* *Sie können(,) wenn nötig(,) anrufen.*

Lösungen

A. Laute und Buchstaben

B. Groß- und Kleinschreibung

C. Getrennt- und Zusammenschreibung

D. Worttrennung am Zeilenende

E. Zeichensetzung

A. Laute und Buchstaben

1.1 der Biss (kurz), blass (kurz), das Fass (kurz), der Fluss (kurz), der Fuß (lang), das Gefäß (lang), gemäß (lang), gewiss (kurz), groß (lang), der Gruß (lang), der Kongress (kurz), der Reisepass (kurz), der Prozess (kurz), das Schloss (kurz), der Schluss (kurz), der Stress (kurz)

1.2 die Geldbuße (lang), die Größe (lang), das Interesse (kurz), die Kasse (kurz), die Klasse (kurz), die Flossen (kurz), die Messe (kurz), die Presse (kurz), die Straße (lang), die Tasse (kurz)

1.3 Isst – isst – Muss – müssen – mussten – gewusst – wissen – wussten – wisst

1.4 Beschluss – dass – eingießen – Tasse – Süßigkeiten – Kissen – bisschen – Spaß – schließen – nass – Grüßen

2.1 Schifffahrt/Schiff-Fahrt – Kongressstadt/Kongress-Stadt – Kunststofffolie/Kunststoff-Folie – Kontrolllampe/Kontroll-Lampe

2.2 Fußballländerspiel/Fußball-Länderspiel – Gewinnnummern/Gewinn-Nummern – Brennnessel/Brenn-Nessel – Balletttänzerin/Ballett-Tänzerin

3.1 zwei Mäuse – zwei Fässer – zwei Fahrräder – zwei Kästen

3.2 ein Quäntchen – eine Gämse – sich schnäuzen – die Gräuel – überschwänglich – belämmert

4.1 der Föhn – die Raufasertapete – nummerieren – stoppen – tippen – der Erstplatzierte – tollpatschig – frittieren – Karamellpudding

5.1 das Getto, der Jogurt, das Känguru, der Katarr, der Panter, die Spagetti, der Tunfisch

5.2 der Delfin, die Grafik, das Megafon, der Paragraf, die Fantasie

5.3 das Dekolletee, das Negligee, das Exposee, das Varietee

5.4 differenziell – existenziell – potenziell – substanziell – essenziell

Test 1

a) wässrig – es floss – gewusst – gewiss, Gewissheit – er isst – Schluss – Schloss – biss zu – Hundebiss, ein bisschen – überschwänglich – Gräueltaten – nummerieren – raue Wand – Platzierung – Tipp

b) Spaghetti/Spagetti – Phantasie/Fantasie – selbständig/selbstständig – Joghurt/Jogurt – Paragraph/Paragraf – Exposé/Exposee

B. Groß- und Kleinschreibung

1.1 ein Kugelschreiber – dieser Kugelschreiber – mein Kugelschreiber – kein Kugelschreiber – jeder Kugelschreiber – der neue Kugelschreiber

2.1 im Allgemeinen – im Folgenden – im Übrigen – im Einzelnen – im Wesentlichen – vielen Dank im Voraus – etwas Ähnliches vorschlagen – jeder Beliebige – es ist wohl das Beste – jeder Einzelne kann helfen – aufs Ganze gehen – bis ins Kleinste vorbereitet – alles Mögliche versuchen – es aufs Neue probieren – aus dem Vollen schöpfen – des Weiteren – ohne Weiteres/weiteres – von Neuem/neuem

2.2 etwas Anderes/anderes – ein bisschen – ein paar Bekannte – am meisten – die Vielen/vielen – jeder Andere/andere – das Wenige/wenige

3.1 der Erste sein (allein) – der Erste des Monats (allein) – als Erster fertig sein (allein) – im ersten Stock wohnen (vor Subst.) – die erste Klasse (vor Subst.) – fürs Erste genug (allein)

3.2 jeder Zweite (allein) – aus zweiter Hand (vor Subst.) – die zweite Stimme (vor Subst.) – zum Zweiten (allein) – an zweiter Stelle (vor Subst.)

3.3 das nächste Mal (vor Subst.) – mein Nächster (allein) – der Nächste, bitte (allein) – das Nächste wäre (allein) – etwas als Nächstes tun (allein)

3.4 der letzte Schrei (vor Subst.) – die letzte Ehre (vor Subst.) – zum letzten Mal (vor Subst.) – als Letzter fertig sein (allein) – der Letzte sein (allein) – das ist das Letzte (allein)

4.1 Mir ist angst und bange.
Ich bin es jetzt leid.
Die Firma war schon lange pleite.
Das ist mir durchaus recht.
Mein Bruder war an allem Unglück schuld.

5.1 vorgestern Morgen – morgen Vormittag – Morgen Abend – übermorgen Mittag – Übermorgen Abend

5.2 auf Englisch – auf Japanisch – auf Deutsch

6.1 für Ihren Brief – danke ich Ihnen – dass Sie – Ich werde Sie – an Ihre Gattin

6.2 für deinen/Deinen Brief – danke ich dir/Dir – dass du/Du – Ich werde dich/Dich – an deine/Deine liebe Frau

Test 2

ein (unbest. Art.) richtiges (Adj.)
kein (sonstiges Pron.)
die (best. Art.) volle (Adj.)
die (best. Art)
einen (unbest. Art.)
unser (Possessivpron.)
Diese (Demonstrativpron.)
der (best. Art.) deutsche (Adj.)
im (best. Art. mit Präp. verschmolzen)
Kein (sonstiges Pron.)
Im (best. Art. mit Präp. verschmolzen)
Im (best. Art. mit Präp. verschmolzen)
der (best. Art.)

C. Getrennt- und Zusammenschreibung

1.1 Zwei Substantive: Camping/wagen, Kamin/holz, Garten/pflanzen, Schlauch/boot, Kinder/wagen, Braut/kleid.
Drei Substantive: Zwillings/kinder/wagen, Küchen/eck/bank, Leder/reit/stiefel, Dach/gepäck/träger, Wohn/zimmer/schrank.

2.1 Erdöl exportierenden/erdölexportierenden Länder
Krebs erregende/krebserregende Stoffe
computergeschrieben
Vertrauen erweckender/vertrauenerweckender Verkäufer

2.2 notlanden – leidtun, leid – stattfinden, statt – eislaufen – teilnehmen, teil – heimkehren, heim

2.3 werden getrennt geschrieben, baden gehen, baden gehen, spazieren gehen, spazieren gegangen, liegen lassen, liegen lassen

2.4 vorbei sein – dabei sein – da gewesen – zurück sein – hier sein – fertig sein – zufrieden sein – vorrüber sein

2.5 Das Schlangestehen – Das Spazierengehen – Das Ruhenlassen – Das Autofahren – Das Vorhandensein – Das Sauberhalten – Das Auswendiglernen – Das Sporttreiben

2.6 leerlaufen – leer essen/leeressen – gut schreiben – gutschreiben – festnehmen – fest halten – blond färben/blondfärben

3.1 dummdreist – ultraleicht – eng verwandt/engverwandt – schwer krank/schwerkrank – bitterkalt – feuchtfröhliches

4.1 Wie viele Gäste – So viele – Genauso viele – Zu viele – viel zu viele Getränke

4.2 Wie lange – So lange – Ebenso lange – Zu lange – viel zu heiß – Wie oft – Wie weit

5.1 3-silbiges Wort, 100-prozentige, 80er Jahren/80er-Jahren, 8-stündiger Arbeitstag, 14-tägige Urlaubsreise, 500stel-Sekunde

6.1 in Frage stellen/infrage stellen, auf Seiten/aufseiten, von Seiten/vonseiten, außer Stande/außerstande, im Stande/imstande, mit Hilfe/mithilfe, zu Grunde gehen/zugrunde gehen, zu Gunsten von/zugunsten von, zu Mute sein/zumute sein, zu Schulden kommen lassen/zuschulden kommen lassen, etwas zu Stande bringen/etwas zustande bringen, in Stand setzen/instand setzen, zu Leide tun/zuleide tun, zu Lasten von/zulasten von

Test 3

Er ist Rad gefahren.
Die Verunglückten können einem leidtun.
Etwas Schönes geschenkt bekommen
Wollen wir Tango tanzen?
ein Rat suchender/ratsuchender Freund
Viele Zuschauer sind dabei gewesen.
Ein gemütliches Beisammensein.
Eine leicht verdauliche/leichtverdauliche Speise.
So oft wie möglich.
Wie viele sind gekommen?
Es dauerte viel zu lange.

D. Worttrennung am Zeilenende

1.1 Wüs-te, Mi-nis-ter, Tou-ris-ten, pro-tes-tie-ren, Res-tau-rant, Fens-ter, Tes-ta-ment

1.2 De-cke, Da-ckel, Schne-cke, Glo-cken, Brü-cke, Zu-cker, schmü-cken

2.1 wa-rum, he-rum, wo-ran, da-rum, In-te-res-se, Pä-da-go-gik, Dip-lom, He-li-kop-ter

E. Zeichensetzung

1.1 „Wie war es auf Ibiza?“, fragte ... „Ganz prima!“, antwortete ich. „Wie war das Wetter?“, wollte sie wissen. „Gut ... Sonnenschein!“, sagte ich, „Sie ... fahren.“ „Wie sind denn die Preise?“, fragte Frau Müller. „Flug ... teuer“, erzählte ich. „Und der Rest?“ „Das ... an!“, sagte ich. „Je ... Ansprüchen ...“

1.2 „Weißt du, Peter?“, sagte meine Frau, „morgen ... Besuch.“ „Getränke ... gekauft!“, sagte ich. „Wein ... Bier.“ „Soll ... servieren?“, fragte meine Frau. „Abends eine Suppe?“, ich hatte Bedenken. „Wie wäre es mit einer Fischplatte?“ „Mögen ... Fisch?“, fragte meine Frau. „Bestimmt!“, sagte ich. „Außerdem ... Käse.“ „Ich ... gehen!“, sagte meine Frau und fuhr fort: „Zum ... an.“ „Das ist eine gute Idee!“, sagte ich.

Abschlusstest

1. Wie viel Geld – Sport treibenden/sporttreibenden – beeinflusst – Im Einzelnen – Anlass – Im Ganzen
Änderungen: 6 bzw. 5 obligatorische Änderungen

2. dass – dich/Dich – Ich muss – du/Du – Recht/recht – dass – als Erstes – morgen Vormittag – dir/Dir
Änderungen: 9 bzw. 5 obligatorische Änderungen

3. Wussten – dass – sodass/so dass – jeder Achte – jeder Siebte – Im Übrigen – selbstständige – sodass/so dass
Änderungen: 8

4.1 nach Hause/nachhause?“, – dass – so!“, – dass

4.2 dass – Krankheit!“,
Änderungen: 6